글 알음 | **그림** 이창우
개정판 1쇄 2022년 10월 31일 | **개정판 4쇄** 2025년 4월 21일
펴낸이 김준성 | **펴낸곳** 도서출판 키움 | **등록** 2003.6.10 (제18-144호)
주소 경기도 파주시 회동길 325-16
전화 02-887-3271,2 | **팩스** 031-941-3273 | **홈페이지** www.kwbook.com
ISBN 978-89-6274-583-2

· 이 책에 실린 모든 글과 그림을 무단으로 복사·복제하는 것은 저작권자의 권리를 침해하는 것입니다. ⓒ키움 2017
※ 잘못된 도서는 구입하신 서점에서 교환하실 수 있습니다.

너무 재치 있어서 말이 술술 나오는 저학년 속담

차례

말조심에 관한 속담 8

친구에 관한 속담 30

배움에 관한 속담 48

노력에 관한 속담 66

신중에 관한 속담 80

용기에 관한 속담 92

속담은 오랜 옛날부터 전해 내려온 구절로, 풍자와 비판, 교훈 등이 담겨 있습니다. 짤막한 구절 안에 무릎을 탁 치게 하는 깊고 오묘한 뜻이 재치 있게 녹아들어 있습니다. 같은 말이라도 상황에 맞는 적절한 속담을 섞어 표현하면, 더욱 재미있고 생동감 넘치는 표현이 됩니다. 이것이 바로 **속담이 가진 힘**입니다.

 바늘 도둑이 소 도둑 된다

 절제에 관한 속담 …… 104

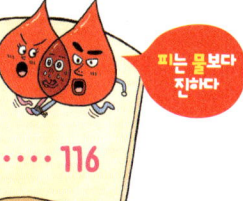 피는 물보다 진하다

가족에 관한 속담 …… 116

이웃이 사촌보다 낫다

 이웃에 관한 속담 …… 132

 여름 하늘에 소나기

날씨에 관한 속담 …… 150

· 그밖에 **동물**이 나오는 속담
· 그밖에 **많이** 쓰이는 속담
· 찾아보기

초등 교과 연계

1~2학년군
통합교과
〈봄〉, 〈여름〉, 〈가을〉, 〈겨울〉,
〈학교(나)〉, 〈가족〉, 〈이웃〉

3~4학년군
〈도덕 3〉 소중한 나
〈도덕 3〉 너희가 있어 행복해
〈도덕 3〉 사랑이 가득한 우리 집
〈사회 3-2〉 달라지는 생활 모습
〈도덕 4〉 최선을 다하는 생활
〈도덕 4〉 더불어 나누는 이웃 사랑
〈도덕 4〉 힘을 모으고 마음을 하나로
〈국어 4-2〉 우리말 다지기

5~6학년군
〈국어 6-1〉 주장과 근거
〈국어 5-2〉 이야기와 삶
〈과학 6-2〉 날씨의 변화

말조심

지혜롭기로 유명한 유대인들은
**아이들에게 평소 말조심할 것을
아주 중요한 덕목으로 가르친대요.**
학교에서, 동네 곳곳에서 많은 사람과 만나는 여러분이
조심해야 할 것도 말조심이지요.
말조심에 관련한 우리 속담에는
어떤 것들이 있는지, 한번 알아볼까요?

001 말은 청산유수다

청산유수란 푸른 산에 흐르는 물이라는 뜻의 사자성어예요.
막힘없이 말을 잘한다는 의미지요.

말조심

002 가는 말이 고와야 오는 말이 곱다

"바보!", "멍청이!", "그것도 몰라?" 이런 말을 듣고 기분이 좋을 사람 있나요? 없지요. 누구한테든 내가 먼저 좋게 말하고 좋게 행동해야, 나에게 돌아오는 상대방의 말과 행동도 좋다는 말이에요.

003 말 한마디에 천 냥 빚도 갚는다

말 한마디로 돈을 빌려준 사람의 마음도 움직일 수 있어요.
말을 공손하고 조리 있게 잘하면 어려운 일이나
불가능해 보이는 일도 해결할 수 있다는 뜻이에요.

004 발 없는 말이 천 리 간다

발 없는 말이란 동물이 아니라 사람들끼리 주고받는 이야기를 뜻해요. 말은 아주 멀리까지 순식간에 퍼지기 마련이니 항상 조심해야 한다는 뜻이지요.

005 호랑이도 제 말 하면 온다

깊은 산속에 사는 호랑이도 자기에 대하여 이야기하면 찾아온다는 말로, 당사자가 그 자리에 없다고 함부로 이야기해서는 안 된다는 뜻이에요.

말조심

006 낮말은 새가 듣고 밤말은 쥐가 듣는다

아무리 비밀스럽게 한 말이라도 반드시 남의 귀에 들어가게 되니 늘 말조심해야 한다는 뜻이에요.

007 입은 비뚤어져도 말은 바로 하랬다

삐뚤어진 입으로도 말을 바로 하는데 입이 말짱한 사람이 바르지 못한 말을 해서는 안 되겠지요? 상황이 어떻든지 말은 항상 바르게 해야 한다는 뜻으로 말의 중요성을 강조하고 있답니다.

말조심

008 가루는 칠수록 고와지고 말은 할수록 거칠어진다

가루를 체에 치면 거친 입자를 걸러 내어 고운 가루만 남게 되지요. 반대로 말은 하면 할수록 사람 사이에 오해를 불러일으키기 쉽고 결국은 거친 싸움으로 번질 수 있어요. 그러니 말을 아끼라는 뜻이에요.

말조심

말

009 웃느라 한 말에 초상난다

'초상난다.'는 말은 사람이 죽는다는 뜻이에요.
나는 그저 웃기려고 한 말인데, 당사자에게는 치명적인 아픔을 줄 수 있으니, 말을 매우 조심해야 한다는 뜻이에요.

010 말이 씨가 된다

늘 말하던 것이 마침내 사실대로 되었을 때 쓰는 말이에요.
"너는 잘될 거야.", "나는 행복해." 등의 말을 하면
그 말이 씨앗이 되어 정말로 잘되고 행복해진대요.
그러니 행복해지고 싶다면 좋은 말, 긍정적인 말을 많이 하세요.

말조심

011 말이 마음이고 마음이 말이다

말은 마음을 표현하는 도구가 되기도 해요. 우리는 대개 좋아하는 사람에게는 말을 예쁘게 하지요. 반대로 말을 곱게 하다 보면 호감이 생겨서 좋은 사이가 되기도 한답니다.

012 군말이 많으면 쓸 말이 적다

말조심

'군말'이란 쓸데없는 말이에요. 말을 이것저것 많이 늘어놓아도 군말이면 쓸 만한 말은 별로 없으니 말을 삼가라는 뜻이랍니다.

013 말이 말을 만든다

사람의 말은 신기해요. 이 사람에게서 저 사람에게 말을 옮길수록 내용이 빠지거나 새로운 내용이 덧붙여져서 원래 내용과는 달라질 수 있거든요. 그래서 말이 새로운 말을 만든다는 거예요.

014 남의 말 하기는 식은 죽 먹기

뜨겁지도 않은 식은 죽을 먹는 게 뭐가 어려운 일이겠어요? 남의 잘못을 드러내어 말하는 것은 아주 쉬운 일이라는 뜻이에요.

015 내 말은 남이 하고 남 말은 내가 한다

누구나 남의 말 하기를 좋아한다는 뜻이에요.

016 남의 말도 석 달

소문은 시간이 지나면 흐지부지 없어지고 만다는 뜻이에요. 그러니 혹 나쁜 소문이 났다고 해서 절망할 필요는 없답니다. 시간이 지나면 사라질 테니까요.

017 혀 아래 도끼 들었다

말을 잘못하면 큰 벌을 받을 수도 있으니,
말은 언제나 조심해야 한다는 뜻이에요.

018 사람의 혀는 뼈가 없어도 사람의 뼈를 부순다

혀를 놀려서 하는 말이 딱딱한 뼈를 부술 수도 있다는 뜻으로, 말이란 무서운 힘을 가지고 있다는 것을 이야기합니다.

019 길이 아니면 가지 말고, 말이 아니면 듣지 말라

말과 행동을 바르게 하라는 뜻이에요. 바르지 않은 말과 행동이라면, 처음부터 아예 하지 말라는 뜻이랍니다.

020 세 치 혀가 사람 잡는다

'치'는 옛날에 길이를 재던 단위예요. 한 치에 약 3cm, 세 치면 약 9cm 정도 되지요. 9cm밖에 안 되는 짧은 혀이지만 잘못 놀리면 사람이 죽을 수도 있으니, 말을 함부로 하지 말라는 뜻이에요.

* 동그라미 안에 들어갈 글자는 무엇일까요?

1 **가는 말이** 고와야 ㅇㄴ 말이 곱다
내가 말을 곱게 해야 남도 나에게 고운 말을 쓴다는 뜻.

2 가루는 **칠수록** 고와지고, 말은 **할 수록** ㄱㅊㅇ 진다
말이 길어질수록 시비와 다툼이 일어나기 쉽다는 뜻.

3 ㄱㅁ이 **많으면** 쓸 말이 적다
하지 않아도 될 말을 많이 하면 말은 많으나 막상 쓸 말은 적다는 뜻.

4 길이 아니면 **가지 말고,** 말이 아니면 ㄷㅈ 말라
바른 말과 행동이 아니라면 처음부터 멀리하라는 뜻.

5 **남의 말** 하기는 ㅅㅇ 죽 먹기
남의 말 하기는 쉽다는 뜻.

6 ㄴ의 말도 **석 달**
소문은 시간이 흐르면 결국 사라진다는 뜻.

7 **낮말**은 새가 듣고 **밤말**은 ㅈ가 듣는다
비밀스럽게 한 이야기라도 남의 귀에 들어갈 수 있다는 뜻.

8 **내 말**은 남이 하고 **남 말**은 ㄴ가 한다
누구나 남의 말 하기를 좋아한다는 뜻.

9 **말 한마디**에 ㅊ ㄴ 빚도 갚는다
말을 잘하면 어려운 일도 잘 해결할 수 있다는 뜻.

10 **말**은 ㅊㅅㅇㅅ다
푸른 산에 흐르는 물처럼 말을 술술 잘한다는 뜻.

11 말이 ㅁㅇ이고 ㅁㅇ이 말이다
말은 그 사람의 생각과 감정을 나타낸다는 뜻.

12 말이 말을 ㅁㄷㄷ
말은 여러 사람의 입을 거치다 보면 내용이 과장되고 변한다는 뜻.

13 말이 ㅆ가 된다
좋은 말을 하면 좋은 결과가 나타나고 나쁜 말을 하면 나쁜 결과가 나타난다는 뜻.

14 발 없는 말이 ㅊㄹ 간다
말은 발이 없어도 멀리까지 퍼진다는 뜻.

15 사람의 혀는 ㅃ가 없어도 사람의 뼈를 부순다
말이 가진 힘은 강하다는 뜻.

16 세 치 ㅎ가 사람 잡는다
9cm 정도 되는 혀를 놀려서 한 말이 사람을 해칠 만큼 무서운 힘을 가졌다는 뜻.

17 웃느라 한 말에 ㅊㅅ 난다
웃기려고 한 말에 사람이 다칠 수 있다는 뜻.

18 ㅇ은 비뚤어져도 말은 바로 하랬다
어떤 상황에서도 말을 바르게 하라는 뜻.

19 혀 아래 ㄷㄲ 들었다
사람의 혀는 사람을 해치는 무기가 될 수도 있다는 뜻.

20 호랑이도 ㅈㅁ 하면 온다
어디서든 남의 말을 함부로 하지 말라는 뜻.

1. 오는 2. 거칠어 3. 군말 4. 듣지 5. 식은 6. 남 7. 쥐 8. 내 9. 천 냥 10. 청산유수
11. 마음, 마음 12. 만든다 13. 씨 14. 천리 15. 뼈 16. 혀 17. 초상 18. 입 19. 도끼 20. 제 말

친구

사람이 살아가는 데 '친구'는 아주 중요해요.
**어떤 친구를 만나, 어떻게
지내느냐에 따라 내 생각과
행동에도 큰 변화가 일어나거든요.**
친구와 관련된 속담에는
어떤 것들이 있는지 살펴봐요!

021 새도 가지를 가려 앉는다

친구

새가 쉴 때 나뭇가지를 가려 앉듯이, 친구를 사귈 때 신중히 사귀라는 뜻이에요. 나와 성격이 잘 맞는 친구라면 슬플 때, 기쁠 때, 화가 날 때 등 언제나 함께할 수 있으니 행복하겠지요?

022 가재는 게 편

가재와 게는 비슷한 점이 많아요. 둘 다 딱딱한 등딱지와 집게발이 있지요. 친구는 닮는다고 하죠? 이 말은 모습이나 상황이 비슷한 친구끼리 서로 돕거나 편을 들어줄 때 쓴답니다.

023 고슴도치도 살 친구가 있다

가시가 뾰족뾰족 돋쳐서 가까이 가면 찔릴 것 같은 고슴도치에게도 친구가 있다는 말이에요. 누구에게나 친하게 지낼 친구가 있기 마련이라는 뜻이에요.

024 간에 가 붙고 쓸개에 가 붙는다

간에 붙어 있든지, 쓸개에 붙어 있든지 둘 중 한 군데만 있을 일이지, 그때그때 자기에게 좋은 쪽으로 지조 없이 옮기는 모습을 말해요.

친구

35

025 먹을 가까이하면 검어진다

먹은 벼루에 물을 붓고 갈아서 글씨를 쓰거나 그림을 그릴 때 사용하는 검은 물감이에요. 먹을 만지면 손이 검게 물들 듯, 나쁜 사람 옆에 있으면 그 사람의 나쁜 모습을 닮게 된다는 뜻이에요.

026 바늘 가는 데 실 간다

바느질을 하려면 반드시 바늘과 실이 같이 필요해요. 떨어지지 않고 서로 꼭 붙어 다니는 가까운 사이를 말할 때 이 말을 쓰지요.

친구

027 어려울 때 친구가 진짜 친구다

내가 가진 것이 많거나 잘나갈 때는 주변에 친구가 많아요.
나의 조건이나 내가 가진 것들에 끌려서요. 하지만 내가
가진 것이 없거나 어려울 때 내 옆에 있어 주는 친구는
진심으로 나를 위해 있어 주는 거겠죠?
그러니 어려울 때 친구가 진짜 친구라는 말이랍니다.

028 친구는 옛 친구가 좋고 옷은 새 옷이 좋다

오래 사귄 친구일수록 함께한 추억도 많고,
정도 들어서 좋다는 말이에요.

029 길동무*가 좋으면 먼 길도 가깝다

서로 마음이 통하는 친구와 함께한다면, 무엇을 하든 신이 나고 힘도 덜 든다는 뜻이에요.

*길동무 : 같은 길을 가는 사람.

친구

030 친구 따라 강남 간다

친구가 가니까 멀고 익숙하지 않은 곳인데도 따라간다는 말이에요. 원래 자신은 할 마음이 없었는데 친구가 하니까 덩달아 하게 될 때 쓰는 말이랍니다.

031 물이 너무 맑으면 고기가 안 모인다

사람이 지나치게 바르고 허물이 없으면, 곁에 사람들이 따르지 않는다는 뜻이에요.

친구

032 도토리 키 재기

도토리가 커 봤자 얼마나 크겠어요? 비슷한 크기의 도토리들이 크기를 재듯, 실력이 비슷한 사람들끼리 서로 겨루는 모습을 표현할 때 써요.

033 의가 좋으면 천하*도 반분*한다

사이가 좋으면 아무리 귀한 것이라도
나누어 가진다는 뜻이에요.

*천하 : 하늘 아래 온 세상. *반분하다 : 반으로 나누다.

친구

맞혀 보자 속담 퀴즈

* 친구에 관한 속담이에요.
올바른 짝끼리 이어 주세요.

1 가재는
모습이나 상황이 비슷한 친구끼리 서로 돕거나 편을 들어줄 때 쓰는 말.

2 간에 가 붙고
자기에게 좋은 쪽으로 지조 없이 옮기는 모습을 이를 때 쓰는 말.

3 고슴도치도
누구에게나 친하게 지낼 친구가 있기 마련이라는 뜻.

4 길동무가 좋으면
서로 마음이 통하는 친구와 함께한다면, 무엇을 하든 힘이 덜 든다는 뜻.

5 도토리
실력이 비슷한 사람들이 서로 실력을 겨루는 모습을 이르는 말.

6 먹을 가까이하면
나쁜 친구 옆에 있으면 그 사람의 나쁜 점들을 배우게 된다는 뜻.

7 물이 너무 맑으면
사람이 지나치게 바르고 허물이 없으면, 다른 사람이 따르지 않는다는 뜻.

ㄱ 쓸개에 가 붙는다

ㄴ 살 친구가 있다

ㄷ 고기가 안 모인다

ㄹ 검어진다

ㅁ 키 재기

ㅂ 먼 길도 가깝다

ㅅ 게 편

8 바늘 가는 데
서로 꼭 붙어 다니는 가까운 사이를 표현할 때 쓰는 말.

9 새도 가지를
친구나 사람을 사귈 때 신중히 하라는 뜻.

10 어려울 때 친구가
모두 나에게 등 돌리는 어려운 상황에 옆에 있어 주는 친구가 진정한 친구라는 뜻.

11 의가 좋으면
사이가 좋으면 아무리 귀중한 것이라도 나누어 가진다는 뜻.

12 친구 따라
어떤 일을 친구에게 이끌려 덩달아 하게 될 때 쓰는 말.

13 친구는 옛 친구가 좋고
오래 사귄 친구일수록 좋다는 말.

- ㅇ 옷은 새옷이 좋다

- ㅈ 강남 간다

- ㅊ 천하도 반분한다

- ㅋ 실 간다

- ㅌ 가려 앉는다

- ㅍ 진짜 친구다

1-ㅅ 2-ㄱ 3-ㄴ 4-ㅂ 5-ㅁ 6-ㄹ 7-ㄷ 8-ㅋ 9-ㅌ 10-ㅍ 11-ㅊ 12-ㅈ 13-ㅇ

배움

우리는 태어나서 죽을 때까지 계속 배워요.
이전에는 겪어 보지 못했던 수많은 상황과 마주치면서, 새로운 것을 경험하고 알게 되지요.
우리가 이 세상에서 씩씩하게 살아갈 수 있도록 기본적인 것들을 배우는 곳이 학교랍니다.
'배움'과 관련된 속담들을 알아볼까요?

034 배움길에는 지름길이 없다

학문은 빨리 끝내는 방법이 없으니 착실히 공부해 나가야 한다는 뜻이에요.

035 백 번 듣는 것보다 한 번 보는 것이 낫다

아무리 설명을 들은들, 한 번 보는 것만 못해요. 여러 번 듣는 것보다 직접 체험해 보는 것이 확실하다는 뜻이지요.

036 낫 놓고 기역 자도 모른다

낫의 모양이 'ㄱ'자를 닮은 데서 나온 말이에요.
낫을 보고도 'ㄱ'자를 모를 만큼 아는 것이 없다는 것을
빗대어 하는 말이에요.

037 서당 개 삼 년에 풍월*을 읊는다

서당에서 매일 글 읽는 소리를 듣다 보면, 개조차도 글 읽는 소리를 낸다는 우스갯소리예요. 한곳에 오래 있으면 웬만큼 지식과 경험을 쌓게 된다는 뜻으로 쓰이지요.

*풍월 : 우연히 들어서 알게 된 짧은 지식.

038 시작이 반이다

무슨 일이든 마음먹고 처음 시작하는 것이 어렵지요? 그래서 시작을 했다 하면 이미 반은 한 것과 같다고 보는 거예요. 일단 일을 시작하고 나면 끝내는 것은 어렵지 않다는 뜻이랍니다.

039 사람은 늙어 죽도록 배운다

사람은 끊임없이 배워야 한다는 뜻이에요.
세상은 넓고 새로운 것이 많지요.
그러니 나이와 상관없이 배우고 익혀야 한답니다.

040 하나를 듣고 열을 안다

한마디 말만 듣고도 여러 가지 사실을 미루어 알아낸다면 매우 똑똑한 사람이지요. 그 정도로 영리하고 총명한 사람에게 쓰는 말이에요.

041 하나만 알고 둘은 모른다

어떤 사물에 대해 하나를 알려 주면 그것에만 집중하느라 주변을 살펴보지 못한다는 말이에요. 폭넓게 생각하지 못할 때 쓴답니다.

042 세 살 먹은 아이 말도 귀담아 들으랬다

아주 어린 아이가 하는 말도 잘 들어 보면 맞는 말일 수 있으니, 소홀히 들어서는 안 돼요. 남이 하는 말을 신중히 들어야 한다는 뜻이에요.

043 쇠귀(소의 귀)에 경* 읽기

소 옆에 가서 좋은 책을 읽어 봤자 소는 하나도 알아듣지 못해요. 아무리 가르치고 일러 주어도 소용없다는 뜻으로 쓴답니다.

*경 : 옛 지식인들이 유교의 사상을 써 놓은 책.

044 한 귀로 듣고 한 귀로 흘린다

잘 듣고 머릿속에 담아 두면 좋을 텐데, 마치 한 귀로 흘려보내듯 귀담아듣지 않아요. 남이 애써 일러 주는 말을 대강 들을 때 쓰는 말이에요.

045 수박 겉핥기

수박을 쪼개지 않고 껍질만 핥으면 수박의 참맛을 전혀 느낄 수 없겠죠? 이처럼 어떤 것에 관해 내용은 제대로 모르고 겉만 슬쩍 보아 넘길 때 쓰는 말이에요.

046 장님 코끼리 만지기

앞이 안 보이는 사람들이 코끼리를 만져 보았는데 저마다 다른 부분을 만지고서는 자기가 알고 있는 것이 코끼리라고 우겨요. 아주 조금 알면서 전부 다 아는 것처럼 굴 때 쓰는 말이에요.

047 우물 안 개구리

우물 안에서 태어나고 자란 개구리에게 하늘은 우물의 크기만큼 작아요. 이처럼 넓은 바깥세상 일에 대해 잘 모르는 사람을 일컬을 때 쓰는 말이에요.

048 다람쥐 쳇바퀴 돌듯

쳇바퀴 안에서는 아무리 달려도 제자리걸음이지요.
그래서 앞으로 나아가거나 발전하지 못할 때 쓰는 말이에요.
또 일상이 날마다 반복되어 지루할 때도 이 말을 쓴답니다.
배움을 다람쥐 쳇바퀴 돌듯 하면 안 되겠지요?

049 사흘 책을 안 읽으면 머리에 곰팡이가 슨다

짧은 기간이라도 책을 안 읽고 지내면 머리가 둔해진다는 뜻이에요. 또 독서가 중요하다는 뜻으로도 쓴답니다.

* 동그라미 안에 들어갈 글자는 무엇일까요?

1 낫 놓고 ㄱ ㅇ 자도 모른다

낫을 보고도 'ㄱ'자를 모를 만큼 아는 것이 없는 모습을 이르는 말.

2 다람쥐 ㅊ ㅂ ㅋ 돌듯

더 나아지지 못하거나 변하지 않는 모습을 이를 때 쓰는 말.

3 배움길에는 ㅈ ㄹ ㄱ 이 없다

학문을 빨리 끝내는 방법은 없으니 착실히 공부하라는 말.

4 백 번 듣는 것보다 한 번 ㅂ ㄴ 것이 낫다

여러 번 듣기만 하는 것보다 한 번 직접 체험하는 것이 낫다는 말.

5 사람은 늙어 죽도록 ㅂ ㅇ ㄷ

사람은 평생 배워야 한다는 뜻.

6 사흘 책을 **안 읽으면** 머리에 ㄱ ㅍ ㅇ 가 슨다

독서가 중요하다는 말.

7 서당 개 삼 년에 ㅍ ㅇ 을 읊는다

한곳에 오래 있으면 웬만큼 지식과 경험을 쌓게 된다는 뜻.

8 세 살 먹은 아이 말도 ㄱ ㄷ ㅇ 들으랬다

아무리 어린 사람의 말도 배울 점이 있으니 남의 말을 귀담아들으라는 말.

9 쇠귀에 ㄱ 읽기

아무리 가르치고 일러 주어도 소용없다는 뜻.

10 수박 ㄱㅎㄱ
제대로 모르고 겉만 슬쩍 보아 넘길 때 쓰는 말.

11 시작이 ㅂ이다
일단 일을 시작하면 끝내는 것은 어렵지 않다는 말.

12 ㅇㅁ 안 개구리
넓은 세상 형편에 대해 잘 모르는 사람을 일컫는 말.

13 장님 ㅋㄲㄹ 만지기
아주 조금 알면서도 전부 다 아는 것처럼 굴 때 쓰는 말.

14 하나를 듣고 ㅇ을 안다
매우 영리하고 총명한 사람에게 쓰는 말.

15 하나만 알고 ㄷ은 모른다
폭넓게 생각하지 못할 때 쓰는 말.

16 한 귀로 듣고 한 귀로 ㅎㄹㄷ
남이 애써 일러 주는 말을 대강 들을 때 하는 말.

사람은 자고로 배움이 있어야지.

1. 기역 2. 쳇바퀴 3. 지름길 4. 보는 5. 배운다 6. 곰팡이 7. 풍월 8. 귀담아 9. 경 10. 겉핥기
11. 반 12. 우물 13. 코끼리 14. 열 15. 둘 16. 흘린다

노력

목적을 이루기 위해 몸과 마음을 다하여 애쓰는 것을 '노력'이라고 해요. 공부도, 운동도 잘하려면 노력이 필요하지요.
노력이 없으면 아무런 변화도 일어나지 않는답니다.
우리 옛 조상들이 노력을 얼마나 중요하게 생각했는지, 속담을 통해 알아보아요!

050 고생 끝에 낙이 온다

'낙'은 즐거움이나 재미를 뜻해요. 어려운 일을 겪고 난 뒤에는 반드시 좋은 일이 생긴다는 말이에요. 열심히 살아가는 많은 사람에게 희망을 줄 때 쓰는 말이랍니다.

051 한술 밥에 배부르랴

밥을 한 숟갈 먹고는 배가 부르지 않아요. 무슨 일이든 처음부터 큰 성과가 나지는 않지요. 노력을 꾸준히 해야지, 조금만 하고는 큰 효과를 바랄 수 없다는 뜻이에요.

052 공든* 탑이 무너지랴

오랜 시간 공들여 쌓은 탑은 쉽사리 무너지지 않아요.
어떤 일을 정성을 다해 오랫동안 하면 반드시 좋은 결과를
얻는다는 뜻이에요.

*공들이다 : 어떤 일을 이루는 데 정성과 노력을 많이 들이다.

053 구르는 돌에는 이끼가 안 낀다

이끼는 습한 곳에서 자라요. 주로 고목이나 바위에 생기지요. 그런데 구르는 돌에는 이끼가 끼지 않아요. 계속 구르다 보니 이끼가 낄 시간이 없는 것이지요. 부지런하고 꾸준히 노력하는 사람은 계속 발전한다는 뜻으로 쓰여요.

054 흐르는 물은 썩지 않는다

한곳에 오래 고여 있는 물은 썩고 말아요. 사람도 자기의 현재에 만족하고 머무르면 시대에 뒤처지는 사람이 된답니다. 그러니 부지런히 일하고 공부하며 계속 자신을 단련해야 한다는 말이에요.

갈고 갈고 또 갈고

노력

055
무쇠도 갈면 바늘 된다

단단한 무쇠도 꾸준히 갈면 언젠가는 얇고 가느다란 바늘이 될 수도 있다는 말로, 노력을 멈추지 않으면 어떤 어려운 일도 이룰 수 있다는 뜻이에요.

056
우물을 파도 한 우물을 파라

물을 구하려고 땅을 여기저기 파다 보면 우물 하나도 제대로 팔 수 없어요. 이것저것 여러 일을 하는 것보다 한 가지를 꾸준히 하는 게 낫다는 말이에요.

057 지성*이면 감천*

정성이 지극하면 하늘도 감동하여 도와준다는 뜻으로, 무슨 일이든 정성을 다하면 좋은 결과를 맺는다는 말이에요.

*지성 : 지극한 정성.
*감천 : 정성이 지극하여 하늘이 감동함.

058 열 번 찍어 안 넘어가는 나무 없다

아무리 큰 나무도 여러 번 도끼질하면 넘어가듯이, 안 될 것 같던 일도 여러 번 시도하면 결국 이루어진다는 말이에요. 고집이 센 사람도 여러 번 권하고 달래면 결국 마음이 변한다는 뜻으로도 쓰여요.

노력

059 콩 심은 데 콩 나고 팥 심은 데 팥 난다

콩을 심었으면 콩이 나지 팥이 날 리 없어요. 모든 일의 결과는 그것의 원인에 따른 것이라는 말이에요. 노력하면 노력한 만큼 결과가 나오는 것도 당연한 일이겠지요?

060 티끌 모아 태산

티끌은 티와 먼지라는 뜻이에요. 먼지가 쌓여 큰 산이 되듯이, 아무리 작은 것이라도 모으고 또 모으면 나중에 큰 것이 된다는 말이에요.

061 하늘은 스스로 돕는 자를 돕는다

하늘은 스스로 노력하는 사람을 도와 성공하게 만든다는 뜻이에요. 어떤 일을 이루기 위해서는 자신의 노력이 가장 중요하다는 것을 이르는 말이지요.

062
입에 들어가는 밥술도 제가 떠 넣어야 한다

아무리 쉬운 일이라도 자기 스스로 노력해야 이룰 수 있다는 말이에요.

063
산엘 가야 꿩을 잡고 바다엘 가야 고기를 잡는다

꿩은 산에서 잡고, 고기는 바다에서 잡을 수 있어요. 자신이 원하는 목표에 따라 방향을 제대로 잡고 노력해야 비로소 바라던 바를 이룰 수 있다는 뜻이랍니다.

064 하늘을 보아야 별을 따지

별은 높은 하늘에 있어서 별을 따려면 우선 하늘부터 보아야 해요. 어떤 일에서 좋은 성과를 얻으려면 그 일이 필요로 하는 노력과 준비를 해야 한다는 말이에요.

065 구슬이 서 말*이라도 꿰어야 보배

아무리 구슬이 많아도 꿰어서 목걸이를 만들지 않으면 가치가 없지요. 무엇이든 다듬고 쓸모 있게 만들어야 값진 보배가 된다는 뜻이에요. 사람의 능력과 재능도 마찬가지예요. 꾸준히 노력하여 갈고 닦아야 값진 보배가 될 수 있지요.

*말 : 부피를 잴 때 쓰는 단위로 1말은 약 18리터이다. '서'는 '셋'을 뜻하므로 '서 말'은 약 54리터.

* 동그라미 안에 들어갈 글자는 무엇일까요?

1 ㄱ ㅅ 끝에 **낙**이 온다

어려운 일을 겪고 난 뒤에는 반드시 좋은 일이 생긴다는 말.

2 ㄱ ㄷ 탑이 무너지랴

정성을 다해 한 일은 반드시 좋은 결과를 얻는다는 뜻.

3 ㄱ ㄹ ㄴ 돌에는 **이끼**가 안 낀다

쉬지 않고 노력하는 사람은 계속 발전한다는 말.

4 **구슬**이 **서 말**이라도 꿰어야 ㅂ ㅂ

무엇이든 다듬고 쓸모 있게 만들어야 값진 보배가 된다는 뜻.

5 **무쇠**도 갈면 ㅂ ㄴ 된다

꾸준히 노력하면 어떤 어려운 일이라도 이룰 수 있다는 뜻.

6 ㅅ 엘 가야 **꿩**을 잡고 ㅂ ㄷ 엘 가야 **고기**를 잡는다

방향을 제대로 잡고 노력해야 원하는 바를 이룰 수 있다는 뜻.

7 **열 번** ㅉ ㅇ 안 넘어가는 나무 없다

안 될 것 같던 일도 여러 번 시도하면 결국 이루어진다는 뜻.

8 **우물**을 파도 ㅎ 우물을 파라

이것저것 여러 일을 하는 것보다 한 가지를 꾸준히 하는 게 낫다는 말.

노력은 나를 절대 배신하지 않아!

9 입에 들어가는 **밥술**도 ㅈ 가 떠 넣어야 한다

쉬운 일이라도 자기가 노력하지 않으면 절대 이룰 수 없다는 말.

10 🟢ㅈ🟢 🟢ㅅ🟢이면 **감천**

정성이 지극하면 하늘도 감동하여 도와준다는 뜻.

11 **콩** 심은 데 🟢ㅋ🟢 나고 **팥** 심은 데 🟢ㅍ🟢 난다

모든 일의 결과는 그것의 원인에 따른 것이라는 말.

12 **티끌** 모아 🟢ㅌ🟢🟢ㅅ🟢

아무리 작은 것이라도 모이고 모이면 나중에 큰 것이 된다는 말.

13 **하늘**은 스스로 🟢ㄷ🟢🟢ㄴ🟢 자를 돕는다

하늘은 스스로 노력하는 사람을 성공하게 만든다는 뜻.

14 **하늘**을 보아야 🟢ㅂ🟢을 따지

어떤 일의 성과를 얻으려면 그에 맞는 노력과 준비가 필요하다는 말.

15 🟢ㅎ🟢🟢ㅅ🟢 **밥**에 배부르랴

무슨 일이든 처음부터 큰 성과를 기대하지 말라는 뜻.

16 🟢ㅎ🟢🟢ㄹ🟢🟢ㄴ🟢 **물**은 썩지 않는다

사람도 부지런히 일하고 공부하며 단련해야 계속 성장한다는 뜻.

1. 고생 2. 공든 3. 구르는 4. 보배 5. 바늘 6. 산, 바다 7. 찍어 8. 한 9. 제 10. 지성
11. 콩, 팥 12. 태산 13. 돕는 14. 별 15. 한술 16. 흐르는

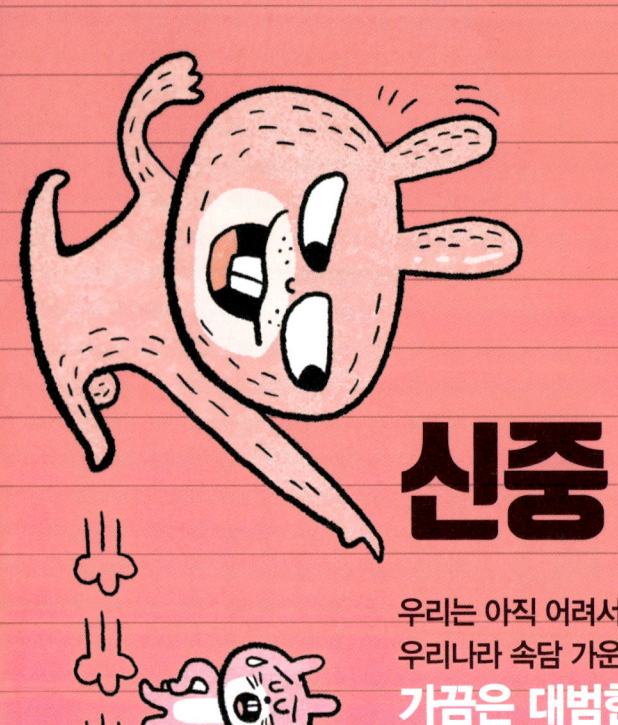

신중

우리는 아직 어려서 모르는 것도 많고 실수도 잦지요. 우리나라 속담 가운데는 '신중함'에 대한 것도 많아요. **가끔은 대범한 생각과 행동이 필요할 때도 있지만, 어떤 행동을 할 때 한 번 더 생각하면** 바른 판단을 하는 데 도움이 된답니다.

066 많이 생각하고 적게 말하고 더 적게 써라

말과 행동보다 생각이 앞서야 한다는 말이에요.

신중

067 아는 길도 물어 가라

아는 길도 다시 한 번 물어서 갈 정도로 조심하라는 말이에요. 아무리 나에게 익숙한 일이라도, 한 번 더 확인하고 단단히 준비하라는 뜻이지요.

068 돌다리도 두들겨 보고 건너라

단단한 돌다리라도 무너질 위험이 있는지 두들겨 보고 건너가라는 말로, 아주 잘 아는 일도 주의해야 실수하지 않는다는 뜻이에요.

069 우물에 가서 숭늉* 찾는다

숭늉은 우물에서 물을 길어다가 밥을 지은 후에야 만들 수 있어요. 모든 일에는 질서와 차례가 있는데 성격이 급하여 터무니없이 재촉하고 덤빈다는 뜻이에요.

*숭늉 : 밥을 지은 솥에서 밥을 푼 뒤에 물을 붓고 데운 물.

070 소 잃고 외양간 고친다

소가 도망칠 정도로 허술한 외양간이었다면 미리 고칠 일이지, 소를 잃고 나서 고친들 무슨 소용 있겠어요?
일을 망친 다음에 나서는 것은 소용이 없으니, 깊이 생각하여 미리 준비하라는 말이에요.

071 걷기도 전에 뛰려고 한다

이제 막 걸음마를 시작한 아기들은 아직 뛰지 못해요. 뛰려면 먼저 걸을 수 있어야 하듯, 쉬운 일도 하지 못하면서 어려운 일을 하려고 나설 때 쓰는 말이지요.

072 천 리 길도 한 걸음부터

천 리면 약 400km로, 서울 동대문에서 부산 시청 근처까지 가는 먼 거리예요. 먼 길을 가는 것도 맨 처음 첫걸음부터 시작되는 것이지요. 무슨 일이든 그 시작이 중요하다는 말이에요.

073 길고 짧은 것은 대어 보아야 안다

신중

길고 짧음은 자를 대고 재어 보아야 정확히 알 수 있어요.
크고 작고, 이기고 지고, 잘하고 못하는 것은
실제로 겨루어 보거나 겪어 보아야 확실히
알 수 있다는 말이에요.

074 까마귀 날자 배 떨어진다

까마귀가 날아가려는 순간 우연히 배가 떨어졌어요.
그걸 본 농부는 까마귀가 배를 쪼아서 떨어진 줄 알겠죠?
알고 보면 그저 우연히 일어난 일일 뿐인데 말이에요.
아무 상관 없는 일이 어쩌다 동시에 일어나 억울한 의심을
받을 때 쓰는 말이에요.

075 아이 말 듣고 배 딴다

신중

잘 알지도 못하는 사람의 말을 곧이듣고 행동했다가는 큰 실수를 하게 된다는 뜻이에요. 다른 사람의 말을 곧이곧대로 듣기보다는 신중히 생각하고 행동해야 한다는 말이지요.

076 알고 있는 일일수록 더욱 명치에 가둬야 한다

명치는 사람의 가슴팍에 있는 급소예요.
어떤 일에 대해 알고 있다고 마구 말하고 행동할 게 아니라,
그 일을 가슴에 품고 행동거지를 더욱 조심해야 한다는 뜻이에요.

맞혀 보자 속담 퀴즈

* 동그라미 안에 들어갈 글자는 무엇일까요?

1 ㄱㄱ 도 전에 **뛰려고** 한다
쉬운 일도 하지 못하면서 어려운 일을 하려고 할 때 쓰는 말.

2 **길고 짧은** 것은 ㄷㅇ 보아야 안다
무엇이든 실제로 겨루거나 겪어 보아야 확실히 알 수 있다는 말.

3 ㄲㅁㄱ 날자 **배** 떨어진다
아무 상관 없는 일이 어쩌다 동시에 일어나 억울한 의심을 받을 때 쓰는 말.

4 **돌다리**도 ㄷㄷㄱ 보고 건너라
잘 아는 일이라 해도 조심해야 실수하지 않는다는 뜻.

5 ㅁㅇ **생각**하고 ㅈㄱ **말**하고 ㄷ ㅈㄱ 써라
말과 행동보다 생각이 앞서야 한다는 말.

6 ㅅ 잃고 **외양간** 고친다
깊이 생각하여 미리 준비하라는 말.

7 **아는 길**도 ㅁㅇ 가라
아무리 익숙한 일이라도, 한 번 더 확인하고 단단히 준비하라는 뜻.

신중

8 아이 ㅁ 듣고 배 딴다
잘 알지도 못하는 사람의 말만 믿었다가는 큰 실수를 하게 된다는 뜻.

9 알고 있는 일일수록 더욱 ㅁ ㅊ 에 가둬야 한다
어떤 일에 대해 알고 있다고 마구 말하고 행동할 게 아니라, 그 일을 가슴에 품고 행동거지를 더욱 조심해야 한다는 뜻.

10 우물에 가서 ㅅ ㄴ 찾는다
성격이 급하여 터무니없이 재촉하고 덤빌 때 쓰는 말.

11 천 리 길도 ㅎ ㄱ ㅇ 부터
무슨 일이든 그 시작이 중요하다는 말.

무엇을 하든 한 번 더 생각하는 신중함을 가져야 해. 그래야 실수가 적지!

1. 걷기 2. 대어 3. 까마귀 4. 두들겨 5. 많이, 적게, 더 적게 6. 소 7. 물어 8. 말
9. 명치 10. 숭늉 11. 한 걸음

용기

혹시 지금 새로운 환경에 익숙하지 않아서,
머뭇거리는 친구가 있나요?
**씩씩하게 생활하기 위해서는
'용기'도 필요해요.**
우리가 이따금 실수를 저지르는 것은 당연한
일이에요. 우리는 아직 작고 어리니까요.
그러니까 기죽지 말고 힘차게,
'용기'와 관련된 속담들을 함께 배워 봐요!

077 비 온 뒤에 땅이 굳어진다

비가 와서 질척거리던 땅은 마르고 나면 단단해져요. 이처럼 어떤 어려운 일을 겪고 나면 그다음에는 단련이 되어 더욱더 강해진다는 뜻으로 쓰는 말이에요.

078 하늘이 무너져도 솟아날 구멍이 있다

하늘이 무너지는 것 같은 어려운 상황에 부딪히더라도, 그것을 벗어날 길은 분명히 있다는 뜻이에요. 그러니 너무 속상해하지 말고 얼른 일어나 해결할 방법을 찾아야 한답니다.

079 작은 고추가 더 맵다

혹시 키가 작다고 무시하는 친구 때문에 속상한 사람 있나요?
그렇다면 그 친구한테 말해 주세요. "작은 고추가 더 맵거든!"
예부터 몸집이 작은 사람이 큰 사람보다 행동이 빠르고
야무지다고 하여 이런 속담까지 생겨났다고요!

080 밤이 깊어 갈수록 새벽이 가까워 온다

밤이 깊으면 아침이 가까워지는 건 당연하지요.
어렵고 고통스러운 환경을 참고 이겨 내면,
새롭고 희망찬 시간이 다가오기 마련이랍니다.

용기

081 원숭이도 나무에서 떨어진다

원숭이는 나무 타기의 달인이지만 실수로 나무에서 떨어지기도 해요. 일을 아주 잘하는 사람도 때로는 실수할 수 있으니, 너무 속상해할 필요가 없다는 뜻이랍니다.

082 굼벵이도 구르는 재주가 있다

느릿느릿 동작이 굼뜬 굼벵이도 데굴데굴 구르는 재주가 있어요. 아무리 별 볼 일 없어 보이는 사람도 재주 하나는 있기 마련이라는 뜻이지요.

083 타고난 재주 사람마다 하나씩은 있다

사람은 누구나 재주 한 가지는 가지고 태어난대요. 그래서 그것으로 먹고살기 마련이라는 뜻이랍니다.

084 쥐구멍에도 볕 들 날이 있다

작고 구석진 곳에 있는 쥐구멍에도 햇볕이 들 날이 있어요.
아무리 힘들고 어려운 처지의 사람에게도
좋은 날은 온다는 뜻이랍니다.

085
개천*에서 용 난다

지저분한 개천에서 신성한 동물로 여겨지는 용이 나왔대요! 이 속담은 어려운 환경에서도 훌륭한 사람이 나올 수 있다는 말이랍니다.

*개천: 빗물이나 집안의 오물이 흘러가도록 길게 판 좁은 개울.

086
용의 꼬리보다 뱀의 머리가 낫다

용의 꼬리가 되어 뒤꽁무니를 쫓는 것보다 뱀의 머리가 되어 앞장서는 것이 낫다는 말로, 작은 집단이라도 그곳의 우두머리가 되는 것이 좋다는 말이에요.

맞혀 보자 속담 퀴즈

* 동그라미 안에 들어갈 글자는 무엇일까요?

1 개천에서 ㅇ 난다
어려운 환경에서 훌륭한 사람이 나왔을 때 쓰는 말.

2 굼벵이도 ㄱㄹㄴ 재주가 있다
아무리 별 볼 일 없어 보이는 사람도 한 가지 재주는 있기 마련이라는 뜻.

3 밤이 깊어 갈수록 ㅅㅂ이 가까워 온다
어려운 상황을 이겨 내면 반드시 희망찬 미래가 온다는 말.

4 비 온 뒤에 땅이 ㄱㅇㅈㄷ
어려운 일을 겪고 나면 더 강해진다는 뜻.

5 용의 꼬리보다 뱀의 ㅁㄹ가 낫다
작은 집단이라도 그곳의 우두머리가 되는 것이 좋다는 말.

6 ㅇㅅㅇ도 나무에서 떨어진다
일을 잘하는 사람도 때로는 실수할 수 있다는 뜻.

7 작은 고추가 더 ㅁㄷ
몸집이 작은 사람이 큰 사람보다 재주가 뛰어나고 야무짐을 빗대어 하는 말.

8 쥐구멍에도 ㅂ ㄷ ㄴ 이 있다

힘들고 어려운 처지에 있는 사람에게도 좋은 날이 온다는 뜻.

9 타고난 ㅈ ㅈ 사람마다 하나씩은 있다

사람은 누구나 잘하는 것 한 가지는 가지고 있다는 뜻.

10 하늘이 무너져도 ㅅ ㅇ ㄴ 구멍이 있다

아무리 어려운 상황에 부딪히더라도 해결할 방법이 있다는 뜻.

---

1. 용 2. 구르는 3. 새벽 4. 굳어진다 5. 머리 6. 원숭이 7. 맵다 8. 볕 들 날 9. 재주 10. 솟아날

절제

중국의 유명한 학자 중에 '순자'라는 사람이 있어요.
이 사람은 **"사람은 태어날 때
악하게 태어났으니, 욕심을 참고
바른 몸과 마음가짐에 힘써야 한다."**
고 말했어요. 우리나라의 여러 속담에서도
사람의 욕심을 경계하고, 절제에 힘쓸 것을
강조하고 있지요.

087 토끼 둘 잡으려다 하나도 못 잡는다

토끼 두 마리를 잡으려고 이리저리 쫓아다니느라,
결국 하나도 못 잡는다는 말이에요. 욕심을 부려 한꺼번에
여러 일을 하려 하면, 한 가지도 제대로 이루지 못한다는 뜻이에요.

088 세 살 버릇 여든까지 간다

어릴 때 몸에 밴 버릇은 나이가 들어도 쉽게 고칠 수 없어요. 그러니 어려서부터 나쁜 습관이 들지 않도록 잘 가르쳐야 한다는 뜻이에요.

089 바늘 도둑이 소도둑 된다

처음엔 작은 바늘을 훔치던 도둑이 나중에는 큰 소까지 훔친다는 말로, 작은 것이라도 나쁜 짓을 자꾸 하면 나중에는 큰 죄를 저지르게 된다는 뜻이에요.

절제

090 못된 송아지 엉덩이에 뿔 난다

머리에 나야 하는 뿔이 엉덩이에서 나다니요? 품성이 고약하면 세상의 당연한 이치도 엇나가게 한다는 말로, 못된 사람이 못된 짓만 할 때 쓰이지요.

091 꼬리가 길면 밟힌다

꼬리가 긴 짐승을 떠올려 봐요. 꼬리가 길면 밟히고, 또 쉽게 잡히겠지요? 한두 번은 남들 모르게 나쁜 짓을 할 수 있으나 오랫동안 계속하면 결국 들킨다는 뜻이에요.

092 오르지 못할 나무는 쳐다보지도 마라

내 능력으로 올라갈 수 없는 나무라면 보지도 말라는 말은, 자기가 해낼 수 없는 일이라면 처음부터 아예 욕심을 내지 않는 게 좋다는 뜻이에요. 지나친 욕심을 삼가라는 말이지요.

절제

093 바다는 메워도 사람의 욕심은 못 채운다

바다는 흙을 채워 메울 수 있지만, 사람의 욕심은 끝이 없어 무엇으로도 채울 수 없다는 말이에요.

094 아홉 가진 놈이 하나 가진 놈 부러워한다

열 개 중에 아홉 개나 가졌는데도 겨우 하나 가진 사람을 부러워해요. 그만큼 욕심이 많다는 것을 뜻하고 있지요. 가지면 가질수록 욕심은 더 생기는 법이랍니다.

095 범을 보니 무섭고 범 가죽을 보니 탐난다

범은 호랑이를 뜻하는 우리말이에요. 호랑이 가죽을 얻으려면 큰 위험과 노력을 감수해야 하는데, 힘든 노력은 하기 싫고 결실은 욕심난다는 말이지요.

096 못 먹는 감 찔러나 본다

이 말은 내가 먹을 수 없는 감이라면 다른 사람도 못 먹게 찔러 놓는다는 거예요. 내 것으로 만들지 못할 바에야 남도 갖지 못하게 일부러 망가뜨리는 못된 마음을 뜻하지요.

* 동그라미 안에 들어갈 글자는 무엇일까요?

1 꼬리가 ㄱㅁ 밟힌다
나쁜 짓을 계속하면 결국 들킨다는 뜻.

2 못 먹는 감 ㅉㄹㄴ 본다
내가 갖지 못한다고 남도 못 갖게 하려는 못된 마음을 가리키는 말.

3 못된 송아지 엉덩이에 ㅃ 난다
못된 사람이 못된 짓만 할 때 쓰는 말.

4 바늘 도둑이 ㅅㄷㄷ 된다
나쁜 행동을 자꾸 하면 나중에는 더 큰 죄를 저지르게 된다는 뜻.

5 바다는 메워도 **사람**의 ㅇㅅ 은 못 채운다
사람은 끊임없이 무엇을 탐내거나 누리고자 한다는 뜻.

6 범을 보니 무섭고 **범 가죽**을 보니 ㅌㄴㄷ
힘든 노력은 하기 싫고 그 결실은 욕심난다는 말.

7 세 살 ㅂㄹ 여든까지 간다
어릴 때 몸에 밴 버릇은 나이가 들어도 쉽게 고칠 수 없다는 뜻.

절제

8 아홉 가진 놈이 하나 가진 놈 ㅂㄹㅇ 한다
사람은 욕심이 많음을 뜻하는 말.

9 오르지 못할 나무는 ㅊㄷㅂㅈㄷ 마라
해낼 수 없는 일이라면 처음부터 욕심내지 않는 것이 좋다는 뜻.

10 토끼 ㄷ 잡으려다 하나도 못 잡는다
욕심을 부려 한꺼번에 여러 일을 하면, 그중에 한 가지도 제대로 이루지 못한다는 뜻.

1. 길면 2. 찔러나 3. 뿔 4. 소도둑 5. 욕심 6. 탐난다 7. 버릇 8. 부러워 9. 쳐다보지도 10. 둘

가족

사람은 태어나는 순간부터 죽을 때까지
헤아릴 수 없이 많은 만남을 갖게 되지요.
그 모든 만남이 좋은 결실을 맺기 위해서는
**제일 먼저 가족과의 만남이
행복해야 해요.**
사랑하는 부모님, 형제와 관련된
속담들을 살펴볼까요?

097 피는 물보다 진하다

이 속담에서 '피'는 함께 피를 나눈 사람 즉, 가족이라는 말이에요. 가족끼리 정이 깊다는 뜻으로 쓴답니다.

098 고슴도치도 제 자식이 제일 곱다

털이 뾰족뾰족 날카로운 고슴도치의 털도 부모 눈에는 보드랍고 윤기 나는 털로 보여요. 남들 눈에는 예뻐 보이지 않아도 모든 부모에게는 자기 자식이 가장 예뻐 보인다는 뜻이에요.

099 열 손가락 깨물어 안 아픈 손가락 없다

열 손가락 중에 깨물어서 아프지 않은 손가락이 없듯이, 부모는 자식이 많아도 전부 소중하게 여긴다는 말이에요.

100 자식을 길러 봐야 **부모 사랑**을 안다

부모님의 마음은 내가 부모가 되어 보아야 비로소 알 수 있어요. 부모의 사랑은 자식이 그 끝을 다 알 수 없을 만큼 깊고 두텁다는 것을 표현하는 말이에요.

101 아버지는 아들이 잘났다고 하면 **기뻐하고,** 형은 아우가 더 낫다고 하면 **화를 낸다**

형제간의 우애가 아무리 좋아도 부모님의 사랑을 따를 수 없다는 말이에요.

102 부모 말을 들으면 자다가도 떡이 생긴다

부모가 자식에게 해로운 말을 해 줄 리가 있나요?
부모는 자기 자식에 대해서 제일 잘 알고 자식에게
이로운 것만 생각하니, 부모의 말을 잘 듣고 따르면
실수가 적고 좋은 일이 생긴다는 뜻이에요.

103 부모는 자식이 한 자*만 하면 두 자로 보이고 두 자만 하면 석 자로 보인다

부모는 자식이 한 자만큼 자라면 두 자인 듯 크게 여겨지고
두 자만큼 자라면 석 자인 듯 크게 보인다는 말로,
부모 눈에는 자식이 크고 좋게만 보인다는 뜻이에요.

*자: 옛날에 길이를 나타내던 단위. 한 자에 약 30cm.

104 형만 한 아우 없다

먼저 태어난 형이 동생보다 보고 경험한 것이 많아요. 지식이나 경험이 많은 만큼 모든 일에서 형이 동생보다 낫다는 말이에요.

105 동생의 말도 들어야 형의 말도 듣는다

나이가 많다고 무조건 아랫사람의 말을 허투루 듣거나 무시하면 안 된다는 뜻이에요. 아무리 형제간이라도 서로서로 은혜를 베풀고 갚아야 한다는 말이지요.

106 효성이 지극하면 돌 위에도 풀이 난다

효성이 깊으면 하늘도 감동하여 기적 같은 일이 생기곤 해요. 또한 이 말은 어떤 조건에서도 자식으로서 해야 할 일을 다해야 한다는 뜻으로 쓰입니다.

107 부모가 착해야 효자가 난다

부모가 착하면, 보고 배운 바가 있어서 자식도 착한 사람이 되다는 뜻이에요. 윗사람이 잘해야 아랫사람이 잘한다는 말을 할 때도 쓰인답니다.

[같은 속담] 부모가 온효자 되어야 자식이 반효자.

108 윗물이 맑아야 아랫물도 맑다

위에서 맑은 물이 흘러내려야 아랫물도 맑아요. 아랫사람에게 큰 영향을 주는 것이 윗사람인 만큼, 윗사람이 바른 행동을 해야 아랫사람도 바르게 행동한다는 뜻이에요.

109 아이 보는 데서는 찬물도 못 마신다

아이들은 어른이 하는 행동을 따라 하지요. 그러므로 아이들이 볼 때는 말과 행동을 조심하라는 뜻이에요.

110 찬물도 위아래가 있다

찬물을 먹더라도 어른부터 차례로 대접해야 한다는 말이에요. 무슨 일이든 나름의 순서가 있으니, 차례를 따라야 한다는 뜻이에요.

111 사촌이 땅을 사면 배가 아프다

사촌이 땅을 사면 부러운 마음에
멀쩡하던 배가 아파요.
다른 사람이 잘되면 축하는커녕
오히려 질투하고 시기하는
못된 마음을 뜻하는 말이에요.

112 누이* 좋고 매부 좋다

누이에게 좋은 일이면 누이의 남편인 매부에게도 좋다는
말이에요. 어떤 일이 양쪽 모두에게 이롭다는 뜻이지요.

*누이 : 남자가 여자 형제를 이르는 말.

* 동그라미 안에 들어갈 글자는 무엇일까요?

1 고슴도치도 ㅈ ㅈ ㅅ 이 제일 곱다
모든 부모에게는 자기 자식이 가장 예뻐 보인다는 뜻.

2 누이 좋고 ㅁ ㅂ 좋다
양쪽 모두에게 이로울 때 쓰는 말.

3 동생의 ㅁ 도 들어야 형의 ㅁ 도 듣는다
나이가 많다고 아랫사람의 말을 허투루 듣거나 무시하면 안 된다는 뜻.

4 부모 말을 들으면 자다가도 ㄸ 이 생긴다
부모 말을 잘 따르면 좋은 일이 생긴다는 뜻.

5 부모가 착해야 ㅎ ㅈ 가 난다
부모가 착하면 자식이 보고 배워서 착한 사람이 된다는 뜻.

6 부모는 자식이 ㅎ ㅈ 만 하면 두 자 로 보이고
ㄷ ㅈ 만 하면 석 자 로 보인다
부모는 자기 자식이 크고 좋게 보인다는 말.

7 사촌이 땅을 사면 배가 ㅇ ㅍ ㄷ
다른 사람이 잘되면 축하하는커녕 질투하고 시기하는 못된 마음을 뜻하는 말.

8 아버지는 아들이 잘났다고 하면 ㄱ ㅃ ㅎ ㄱ,
형은 아우가 더 낫다고 하면 ㅎ 를 낸다
형제간의 우애는 부모의 사랑을 따를 수 없음을 뜻하는 말.

9 아이 보는 데서는 ㅊㅁ도 못 마신다
아이는 어른의 행동을 그대로 따라 하니, 말과 행동거지를 조심하라는 뜻.

10 열 손가락 깨물어 안 ㅇㅍ 손가락 없다
부모는 자식이 많아도 전부 소중하게 여긴다는 말.

11 윗물이 맑아야 ㅇㄹㅁ도 맑다
윗사람이 바른 행동을 해야 아랫사람도 바르게 행동한다는 뜻.

12 자식을 ㄱㄹ ㅂㅇ 부모 사랑을 안다
부모의 사랑은 자식이 그 끝을 알 수 없을 만큼 깊고 두텁다는 뜻.

13 찬물도 ㅇㅇㄹ가 있다
찬물을 먹더라도 어른부터 차례로 대접해야 한다는 말.

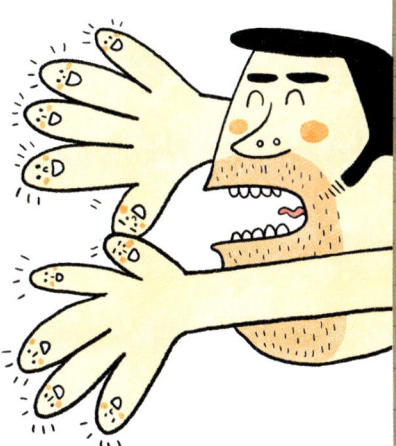

14 ㅍ는 물보다 진하다
가족 간의 정이 깊다는 뜻.

15 ㅎ만 한 아우 없다
윗사람이 지식이나 경험이 많아 아랫사람보다 낫다는 말.

16 ㅎㅅ이 지극하면 돌 위에도 풀이 난다
효성이 깊으면 기적 같은 일도 생긴다는 뜻.

1. 제 자식 2. 매부 3. 말, 말 4. 떡 5. 효자 6. 한 자, 두 자 7. 아프다 8. 기뻐하고, 화 9. 찬물 10. 아픈 11. 아랫물 12. 길러 봐야 13. 위아래 14. 피 15. 형 16. 효성

이웃

먼 옛날, 우리나라 사람들은 대부분 농사를 지어 먹고살았어요. 농사는 워낙 일손이 많이 필요해서, **이웃끼리 서로 도와가며 사이좋게 지냈지요.** 그래서 사람과의 관계가 중요했고, 이웃과의 사이에서 생겨날 수 있는 여러 가지 상황에 쓰이는 속담도 많이 생겼답니다.

113 이웃이 사촌보다 낫다

가까이 사는 이웃이 먼 곳에 사는 친척보다 좋다는 뜻으로, 자주 보는 사람이 정도 많이 들고 도움을 주고받기도 쉽다는 뜻이랍니다.

114 나이는 못 속인다

아무리 나이를 감추려고 해도 그 사람의 행동이나 말투에서 티가 나기 마련이라는 뜻이에요.

115 원수는 외나무다리에서 만난다

통나무 하나를 놓아 만든 외나무다리 위에서는 다른 곳으로 피할 수가 없어요. 싫어하는 사람을 하필이면 피할 수도 없는 곳에서 만나게 됐을 때 쓰는 말이에요.

116 백지장도 맞들면 낫다

백지장은 하얀 종이 낱장을 말해요. 백지장을 드는 것 같은 아주 작은 일도 서로 도와 함께하면 더 잘할 수 있다는 뜻이에요.

117 아이 싸움이 어른 싸움 된다

아이들의 다툼이 나중에는
그 부모들의 싸움으로 변한다는
말로, 사소한 일이 차츰 커져
큰일이 된다는 뜻이에요.

118 불난 집에 부채질한다

불이 난 곳에 부채질을 하면 더 활활 타올라요.
다른 사람이 어려움을 겪을 때 도와주기는커녕
더 어렵게 하거나 화나게 한다는 뜻으로 쓰여요.

119 똥 묻은 개가 겨* 묻은 개 나무란다

똥 묻은 개가 겨 묻은 개에게 지저분하다고 손가락질 해요. 자기는 더 큰 결점이 있으면서 남이 지닌 작은 결점을 흉보는 사람에게 하는 말이에요.

*겨 : 벼, 보리, 조 따위의 곡식 껍질을 통틀어 이르는 말.

120 똥이 무서워 피하나 더러워 피하지

똥은 가까이 가기만 해도 냄새가 나고 더러워서 피하게 되지요. 나쁜 사람을 상대하지 않고 피하는 것은 무서워서가 아니라 상대할 가치가 없어서라는 말이에요.

121
사람 나고 돈 났지 돈 나고 사람 났나

돈은 사람이 필요해서 만든 것일 뿐이에요. 아무리 돈이 소중하다 해도 사람보다 소중할 수는 없어요. 돈을 최고로 여기는 사람들을 나무랄 때 쓰는 말이에요.

122
사람 위에 사람 없고 사람 밑에 사람 없다

사람은 누구나 소중한 존재예요.
누가 더 잘나고 못난 것 없이 모두 똑같아요.
사람이라면 누구나 태어날 때부터 권리와 의무가 평등하다는 뜻이랍니다.

123 뛰는 놈 위에 나는 놈 있다

땅에서 아무리 빠른 동물이라도 날아다니는 새를 이길 수는 없듯이, 대단한 재주가 있어도 반드시 그보다 더 뛰어난 사람이 있으니 잘난 척해서는 안 된다는 말이랍니다.

124 사공이 많으면 배가 산으로 올라간다

사공이 많으면 저마다 가고 싶은 방향으로 노를 젓는 바람에 배가 엉뚱한 곳으로 가요. 이래라저래라 참견하는 사람이 많으면 일이 제대로 되지 않는다는 뜻이에요.

125 하룻강아지 범 무서운 줄 모른다

태어난 지 얼마 안 된 어린 강아지는 호랑이가 얼마나 무서운지 몰라요. 철없이 아무것도 모르고 함부로 덤비는 경우에 쓰는 말이에요.

126 고양이 목에 방울 달기

쥐들이 고양이 목에 방울을 달기로 했지만 누가 어떻게 달지 방법이 없어요. 이처럼 하기는 해야 하지만 해내기 어려운 일을 두고 하는 말입니다.

127 방귀 뀐 사람이 성낸다*

자기가 방귀를 뀌어 놓고 냄새가 난다며 화를 내고 큰소리치는 사람이 있어요. 잘못은 자기가 해 놓고, 오히려 남에게 화내는 것을 이를 때 쓰는 말이에요.

*성내다 : 화내다.

128 누워서 침 뱉기

누워서 침을 뱉으면 침이 내 얼굴로 떨어지겠죠? 남에게 해를 입히려고 한 일이 오히려 나에게 해가 될 때 쓰는 말이에요.

129 도둑이 제 발 저리다

잘못을 저지른 사람은 자기 잘못을 들키게 될까 봐 긴장해서 얼굴이 벌게지거나 몸이 뻣뻣해지기도 해요. 마음이 조마조마해져서 결국은 자기도 모르게 잘못을 드러내고 만답니다.

130 믿는 도끼에 발등 찍힌다

늘 사용하는 도끼라도 잘못하면 발등을 찍히고 말아요. 잘될 것이라고 생각했던 일이 실패하거나, 믿었던 사람이 배신할 때 쓰는 말이에요.

131 병 주고 약 준다

자기가 해를 입혀 놓고 어루만지거나
약을 주며 도와주는 척하는 사람이 있어요.
교활하고 음흉한 사람의 행동을 이를 때 쓰는 말이에요.

132 옥에 티

반질반질하게 잘 다듬어 놓은 옥에도 작은 흠(=티)이 있기 마련이에요. 훌륭한 사람이나 물건에 있는 사소한 단점을 말할 때 '옥에 티'라고 한답니다.

133 미운 놈 떡 하나 더 준다

미워하는 사람에게는 평소에 마음을 얻어 두어야 나중에 걱정할 일이 없어요. 미워하는 사람일수록 더 잘해 주면서 나쁜 마음을 버려야 한다는 뜻도 있어요.

이웃

맞혀 보자 속담 퀴즈

* 동그라미 안에 들어갈 글자는 무엇일까요?

1 ㄱㅇㅇ ㅁ에 방울 달기
해내기 어려운 일을 의논하는 것을 두고 하는 말.

2 나이는 ㅁ 속인다
누구나 나이에 걸맞게 행동한다는 뜻.

3 누워서 ㅊ ㅂㄱ
남에게 해를 입히려고 한 일이 오히려 나에게 해가 되어 돌아온다는 말.

4 도둑이 ㅈ 발 저리다
죄를 지은 사람은 양심에 찔려서 결국 스스로 죄를 드러낸다는 뜻.

5 똥 묻은 개가 겨 묻은 개 ㄴㅁㄹㄷ
자기는 큰 결점이 있으면서 남의 작은 결점을 가지고 흉본다는 뜻.

6 똥이 무서워 피하나 ㄷㄹㅇ 피하지
나쁜 사람을 피하는 것은 상대할 가치가 없기 때문이라는 말.

7 뛰는 놈 위에 ㄴㄴ 놈 있다
아무리 재주가 좋아도 더 뛰어난 사람이 있다는 말.

8 미운 놈 떡 하나 더 준다
미워하는 사람일수록 더 잘해 주면서 나쁜 마음을 버리라는 뜻.

9 ㅁㄴ 도끼에 발등 찍힌다
잘될 줄 알았던 일이 실패하거나, 믿었던 사람이 배신할 때 쓰는 말.

10 방귀 뀐 사람이 ㅅㄴㄷ
잘못은 자기가 해 놓고 남에게 화내는 것을 이를 때 쓰는 말.

11 ㅂㅈㅈ도 맞들면 낫다
아주 작은 일도 서로 도와 함께하면 더 잘할 수 있다는 뜻.

이웃

12 ㅂ 주고 약 준다
교활하고 음흉한 사람의 행동을 이를 때 쓰는 말.

13 불난 집에 ㅂㅊㅈ 한다
어려운 처지에 빠진 사람을 더 어렵게 하거나 화나게 한다는 뜻.

14 사공이 많으면 배가 ㅅ 으로 올라간다
참견하는 사람이 많으면 일이 엉뚱한 방향으로 흘러간다는 뜻.

15 ㅅㄹ 나고 돈 났지 돈 나고 ㅅㄹ 났나
아무리 돈이 소중하다 해도 사람보다 소중할 수는 없다는 말.

16 ㅅㄹ 위에 사람 없고 ㅅㄹ 밑에 ㅅㄹ 없다
누구나 태어날 때부터 권리와 의무가 평등하다는 뜻.

17 아이 싸움이 ㅇㄹ 싸움 된다
사소한 일이 점차 큰일로 번진다는 뜻.

18 옥에 ㅌ
훌륭한 사람이나 물건에 있는 사소한 단점.

19 원수는 ㅇㄴㅁㄷㄹ 에서 만난다
싫어하는 사람을 피할 수 없는 곳에서 만나게 됐을 때 쓰는 말.

20 ㅇㅇ 이 사촌보다 낫다
가까이 사는 사람이 먼 곳에 사는 친척보다 좋다는 뜻.

21 ㅎㄹㄱㅇㅈ 범 무서운 줄 모른다
아무것도 모르고 철없이 덤비는 경우에 쓰는 말.

1. 고양이 목 2. 못 3. 침 뱉기 4. 제 5. 나무란다 6. 더러워 7. 나는 8. 떡 9. 믿는
10. 성낸다 11. 백지장 12. 병 13. 부채질 14. 산 15. 사람, 사람 16. 사람, 사람, 사람
17. 어른 18. 티 19. 외나무다리 20. 이웃 21. 하룻강아지

날씨

우리나라에는 날씨와 관련한 속담이 참 많아요.
과학이 발달하지도 않았던 옛날에,
**한 가지 모습을 보고
다가올 일을 예측했다니,**
우리 조상들의 지혜에 새삼 놀라게 되지요.
날씨와 관련한 속담을 알아볼까요?

134 벚꽃이 일찍 피면 풍년

벚꽃은 따뜻한 봄이 되면 피는 꽃이에요.
작년보다 벚꽃이 빨리 피었다는 것은, 봄이 빨리 와서 기온이 높아졌다는 뜻이겠지요? 그러니 농작물 역시 쑥쑥 자랄 수 있다는 말이랍니다.

135 봄 추위가 장독 깬다

추운 겨울이 가고 따뜻한 봄날이 왔다고 생각했는데, 뜻밖에 사나운 추위가 있다는 말이에요.

136 봄비는 쌀비다

건조한 봄철에 비가 넉넉히 오면, 모내기에 도움이 되어 풍년이 든다는 뜻이랍니다.

잠깐! 모내기가 뭐야?

원래 **벼농사**를 지을 때,
❶ 논에다 볍씨를 직접 뿌리고 ❷ 계속 그 자리에서 벼를 길렀지. 그런데 모내기는 ❶ 모판을 만들어 볍씨를 촘촘하게 뿌리고
❷ 싹을 틔워 일정하게 자랄 때까지 키운 다음
❸ 물을 댄 논에 옮겨 심는 방법이야. 모내기를 해서 농사를 지으면 더 많이 수확할 수 있어. 그런데 **모내기를 하려면 논에 물이 있어야 해!** 물이 부족하면 모를 심을 수 없거든. 그러니, 봄철에 비가 넉넉히 오면 당연히 도움이 되었겠지?

137 봄비가 많이 오면 아낙네 손이 커진다

봄에 비가 많이 오면, 밭에서 곡식이 잘 자라고 모내기도 잘되어 풍년이 들어요. 그래서 아낙네의 씀씀이가 헤퍼진다는 뜻이랍니다.

138 여름 하늘에 소낙비

여름철에 소나기 좀 내리는 게 그리 큰 대수겠어요? 흔히 있을 만한 일이니 조금도 놀랄 것이 없음을 뜻한답니다.

139 가뭄 끝은 있어도 장마 끝은 없다

가뭄은 아무리 심해도 농사에 피해를 입히고 끝이 나지만 장마로 홍수가 나면 모두 쓸려 가 재산 피해도 크고 사람의 목숨까지 위험해질 수 있어요. 그래서 3년 가뭄에는 살아도 석 달 장마에는 못 산다고 하지요.

140 처서가 지나면 모기 입이 비뚤어진다

처서는 24절기 가운데 하나로 양력 8월 23일 무렵이에요. 이때쯤 되면 여름철 무더위가 한풀 꺾이기 마련이지요. 그리고 여름철 대표 곤충인 모기도 서서히 자취를 감춘다는 뜻이랍니다.

143 가을 안개에 풍년 든다

안개는 맑은 날에 흔히 껴요. 가을날 맑은 햇살이 벼가 익는 것을 도와, 농사는 풍년이 된다는 뜻이지요.

144 늙은이 기운 좋은 것과 가을 날씨 좋은 것은 믿을 수 없다

가을에는 날씨 변화가 심해요. 어떤 날은 햇살이 따뜻했다가, 또 어떤 날은 갑자기 찬 바람이 불어오지요. 할아버지, 할머니들의 건강도 마찬가지예요. 그래서 상황이 언제 변할지 모른다는 표현을 할 때 이 말을 쓴답니다.

145
가을 무 꽁지가 길면 겨울이 춥다

겨울이 추워지는 해는 가을 무들도 겨울을 날 준비를 하느라 뿌리를 길게 내린다는 뜻이에요.

146
눈발*이 잘면 춥다

*눈발 : 눈이 힘차게 내려 줄이 죽죽 져 보이는 상태.

눈은 온도와 습도에 따라 상태가 달라져요. 기온이 낮을 때는 가루눈이 내리고 기온이 높을 때는 함박눈이 내리지요. 따라서 눈발이 잘게 내리면, 위쪽에서 찬기가 내려오기 때문에 추워질 거라는 말이랍니다.

147
겨울에 눈이 많이 오면 보리 풍년이 든다

겨울에 눈이 많이 와서 보리를 푹 덮으면 보온이 되어, 보리가 얼어 죽거나 말라 죽는 일이 없어져 수확물이 많아진답니다.

148
동짓날이 추워야 풍년 든다

동지는 12월 22일이나 23일쯤 되는 날이에요. 날이 추워야 병충해가 얼어 죽기 때문에 동짓날 추우면 풍년이 든대요.

149
서리가 많이 내린 날은 맑다

날씨가 맑은 겨울밤에는 땅이 빨리 차가워져요. 그러면 땅 근처에 있는 수증기가 곧바로 얼어 서리가 돼요. 따라서 서리가 많이 내린 날은 날씨가 맑답니다.

150 거미가 줄을 치면 날씨가 좋다

날씨가 흐려서 곤충들이 활동하지 않으면, 거미는 줄을 치지 않아요. 반면에 날씨가 맑은 날에는 줄을 치지요. 따라서 거미가 아침에 줄을 치면, 날씨가 좋을 거랍니다.

151 소리가 잘 들리면 곧 비가 내린다

멀리서 나는 소리가 잘 들리면 비가 올지도 모른다는 신호예요. 날씨가 맑으면 땅이 따뜻해져요. 그러면 공기의 움직임이 빨라져서 소리가 이곳저곳으로 흩어지기 쉬워요. 하지만 비가 오기 전에는 날씨가 흐려서 땅이 따뜻해지지 않아요. 그래서 소리가 흩어지지 않고 잘 들린답니다.

날씨

152 서쪽 하늘에 햇무리가 생기면 비가 내린다

햇무리는 높고 얇은 구름이 있을 때 생기는 것으로,
구름 속의 얼음 결정에 햇빛이 굴절되어 나타나지요.
이러한 구름이 하늘 전체를 덮으면 서서히 비가 온답니다.

구름 속의 얼음 결정에 햇빛이 굴절되어 나타난 거래.

아~ 아름답구나.

감탄 그만하고 빨래 좀 걷지!

153 제비가 지면 가까이 날면 비가 내린다

공기 중에 습기가 많으면 잠자리와 같은 곤충은 날개가 무거워져서 땅 가까이에서 날아요. 그래서 곤충을 잡아먹는 제비도 먹이를 구하려고 땅 가까이 날아다니지요.

154 물고기가 물 위에 입을 내놓고 호흡하면 비가 내린다

기압이 내려가면 물속의 산소가 줄어들어요. 그러면 물고기는 수면 가까이로 올라와 호흡을 하게 되지요. 물고기가 수면 가까이에서 호흡하는 것을 본다면 기압이 낮은 상태이므로 비가 올 가능성이 높다는 것을 뜻이랍니다.

* **동그라미 안**에 들어갈 **글자**는 무엇일까요?

봄

1. 벚꽃이 ㅇ ㅉ 피면 풍년
2. ㅂ ㅂ 가 많이 오면 아낙네 손이 커진다.
3. 봄비는 ㅆ ㅂ 다
4. 봄 추위가 ㅈ ㄷ 깬다

여름

5. 가뭄 끝은 있어도 ㅈ ㅁ 끝은 없다
6. 여름 하늘에 ㅅ ㄴ ㅂ

가을

7. 가을 무 꽁지가 ㄱ ㅁ 겨울이 춥다
8. 가을비는 ㄴ ㅂ 한 벌
9. 가을비는 ㅂ ㅈ ㄹ 로도 피한다
10. 가을 안개에 ㅍ ㄴ 든다
11. 늙은이 기운 좋은 것과 ㄱ ㅇ ㄴ ㅆ 좋은 것은 믿을 수 없다
12. ㅊ ㅅ 가 지나면 모기 입이 비뚤어진다

겨울

13. 겨울에 눈이 많이 오면 ⓑⓡ 풍년이 든다.
14. 눈발이 ⓩⓜ 춥다
15. 동짓날이 추워야 ⓟⓝ 든다
16. ⓢⓡ가 많이 내린 날은 맑다

비

17. ⓜⓖⓖ가 물 위에 입을 내놓고 호흡하면 비가 내린다
18. 서쪽 하늘에 ⓗⓜⓡ가 생기면 비가 내린다
19. ⓢⓡ가 잘 들리면 곧 비가 내린다
20. ⓩⓑ가 지면 가까이 날면 비가 내린다

21. ⓖⓜ가 줄을 치면 날씨가 좋다

1. 일찍 2. 봄비 3. 쌀비 4. 장독 5. 장마 6. 소낙비 7. 길면 8. 내복 9. 빗자루 10. 풍년 11. 가을 날씨 12. 처서 13. 보리 14. 잘면 15. 풍년 16. 서리 17. 물고기 18. 햇무리 19. 소리 20. 제비 21. 거미

그밖에 동물이 나오는 속담

개구리 올챙이 적 생각 못 한다
형편이 좋아졌다고 자기가 처음부터 잘났던 것처럼 굴 때 쓰는 말.

꿩 먹고 알 먹기
한 번에 두 가지 이익을 볼 때 쓰는 말.

고래 싸움에 새우 등 터진다
힘센 사람들끼리 싸우는 바람에 애꿎은 사람만 낭패를 볼 때 쓰는 말.

닭 잡아먹고 오리발 내민다
나쁜 짓을 해 놓고 들킬 위기에 처하자 꾀를 부려 잘못을 숨기려 한다는 말.

고양이한테 생선을 맡기다
어떤 일이나 물건을 믿지 못할 사람에게 맡기고 걱정한다는 뜻.

닭 쫓던 개 지붕 쳐다보듯
열심히 하던 일이 헛수고가 되었을 때 쓰는 말.

구렁이 담 넘어가듯
어떤 일을 확실히 하지 않고 슬쩍 넘어가려고 할 때 쓰는 말.

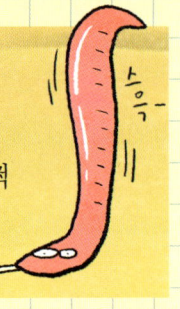

돼지에 진주 목걸이
아무리 값진 보물도 그 가치를 모르는 사람에게는 소용없다는 말.

꿩 대신 닭
내가 쓰려는 것이 없어 비슷한 것으로 대신할 때 쓰는 말.

뛰어야 벼룩
달아나려고 해도 벗어날 수 없을 때 쓰는 말.

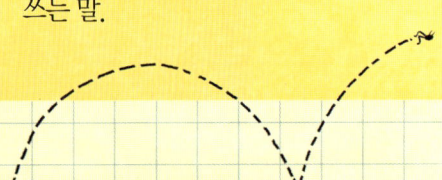

미꾸라지 한 마리가 온 웅덩이를 흐린다
한 사람의 나쁜 행동이 여러 사람에게 좋지 않은 영향을 미칠 때 쓰는 말.

송충이는 솔잎을 먹어야 한다
자신의 처지에 맞는 행동을 해야 한다는 뜻.

뱁새가 황새를 따라가면 다리가 찢어진다
분수에 맞지 않는 일을 따라 하면 어려움에 빠진다는 말.

얌전한 고양이 부뚜막에 먼저 올라간다
겉으로는 점잖은 체하면서 몰래 자기 이익을 챙길 때 쓰는 말.

벼룩도 낯짝*이 있다
뻔뻔하고 부끄러움을 모르는 사람을 꾸짖을 때 쓰는 말.
(*낯짝 : 얼굴을 속되게 이르는 말.)

자라 보고 놀란 가슴 솥뚜껑 보고 놀란다
무언가에 몹시 놀란 사람은 비슷한 사물만 보아도 겁낸다는 말.

새 발의 피
아주 하찮은 일이나 매우 적은 양을 뜻할 때 쓰는 말.

지렁이도 밟으면 꿈틀한다
아무리 순하고 좋은 사람이라도 너무 업신여기면 화를 낸다는 뜻.

소 뒷걸음질 치다 쥐 잡기
우연히 한 일이 잘되었을 때 쓰는 말.

호랑이에게 물려 가도 정신만 차리면 산다
아무리 급한 상황이라도 정신을 똑똑히 차리면 잘 해결할 수 있다는 말.

그밖에 많이 나오는 속담

간이 콩알만 해지다
큰 간이 아주 작게 쪼그라들 정도로 놀라거나 무서울 때 쓰는 말.

내 코가 석 자
지금 내 사정이 급하여 남을 돌볼 만한 여유가 없다는 뜻.

굴러 온 돌이 박힌 돌 뺀다
새로 온 사람이 원래 있던 사람을 내보내거나 못살게 굴 때 쓰는 말.

누워서 떡 먹기
어떤 일이 하기 쉽고 편할 때 쓰는 말.
(같은 속담: 식은 죽 먹기)

그림의 떡
좋은 것이 보여도, 쓸 수 없거나 가질 수 없을 때 쓰는 말.

눈에 콩깍지가 씌었다
앞이 가리어 사물을 정확하게 보지 못할 때 쓰는 말.

금강산도 식후경
배가 불러야 모든 일이 즐겁다는 뜻.

달걀로 바위 치기
싸워서 절대 이길 수 없는 경우를 이를 때 쓰는 말.

꿀 먹은 벙어리
속에 있는 생각을 표현하지 못하는 사람을 두고 하는 말.

달면 삼키고 쓰면 뱉는다
자기에게 좋으면 잘해 주었다가 필요 없으면 모른 척한다는 말.

될성부른* 나무는 떡잎부터 알아본다
(*될성부르다 : 잘될 가망이 있어 보이다.)

훌륭한 사람은 어려서부터 자질이 다르고 장래성이 있다는 뜻.

아니 땐 굴뚝에 연기 나랴
사건은 반드시 어떤 일이 있었기 때문에 일어난다는 뜻.

등잔 밑이 어둡다
어떤 대상에 가장 가까이 있는 사람이 도리어 그 대상에 대해 잘 모른다는 말.

앓던 이 빠진 것 같다
골치 아픈 걱정거리가 없어져서 속이 후련하다는 뜻.

번갯불에 콩 볶아 먹겠다
성격이 급해서 일을 빨리 해치우려는 조급한 모습을 이를 때 쓰는 말.

언 발에 오줌 누기
어려운 일을 간단히 해결하려다가 상황이 더 어려워질 때 쓰는 말.

벼는 익을수록 고개를 숙인다
훌륭한 사람일수록 남 앞에서 겸손하다는 것을 이르는 말.

하늘의 별 따기
무엇을 얻기가 불가능할 정도로 힘들거나 어려울 때 쓰는 말.

보기 좋은 떡이 먹기도 좋다
겉모양새를 잘 꾸미는 것도 중요하다는 뜻.

호박이 넝쿨째로 굴러떨어졌다
예상치 않게 좋은 물건을 얻거나 큰 행운이 생겼을 때 쓰는 말.

찾아보기

ㄱ

가는 말이 고와야 오는 말이 곱다 10
가루는 칠수록 고와지고 말은 할수록 거칠어진다 18
가뭄 끝은 있어도 장마 끝은 없다 155
가을 무 꽁지가 길면 겨울이 춥다 158
가을 안개에 풍년 든다 157
가을비는 내복 한 벌 156
가을비는 빗자루로도 피한다 156
가재는 게 편 32
간에 가 붙고 쓸개에 가 붙는다 35
개천에서 용 난다 101
거미가 줄을 치면 날씨가 좋다 160
걷기도 전에 뛰려고 한다 86
겨울에 눈이 많이 오면 보리 풍년이 든다 159
고생 끝에 낙이 온다 67
고슴도치도 살 친구가 있다 34
고슴도치도 제 자식이 제일 곱다 118
고양이 목에 방울 달기 141
공든 탑이 무너지랴 69
구르는 돌에는 이끼가 안 낀다 70
구슬이 서 말이라도 꿰어야 보배 77
군말이 많으면 쓸 말이 적다 23
굼벵이도 구르는 재주가 있다 99
길고 짧은 것은 대어 보아야 안다 87
길동무가 좋으면 먼 길도 가깝다 41
길이 아니면 가지 말고, 말이 아니면 듣지 말라 27
까마귀 날자 배 떨어진다 88
꼬리가 길면 밟힌다 108

ㄴ

나이는 못 속인다 134
남의 말 하기는 식은 죽 먹기 24
남의 말도 석 달 25
낫 놓고 기역 자도 모른다 52
낮말은 새가 듣고 밤말은 쥐가 듣는다 16
내 말은 남이 하고 남 말은 내가 한다 25
누워서 침 뱉기 142
누이 좋고 매부 좋다 129
눈발이 잘면 춥다 158
늙은이 기운 좋은 것과 가을 날씨 좋은 것은 믿을 수 없다 157

ㄷ

다람쥐 쳇바퀴 돌듯 62
도둑이 제 발 저리다 143
도토리 키 재기 44
돌다리도 두들겨 보고 건너라 83
동생의 말도 들어야 형의 말도 듣는다 125
동짓날이 추워야 풍년 든다 159
똥 묻은 개가 겨 묻은 개 나무란다 137
똥이 무서워 피하나 더러워 피하지 137
뛰는 놈 위에 나는 놈 있다 139

ㅁ

많이 생각하고 적게 말하고 더 적게 써라 81
말 한마디에 천 냥 빚도 갚는다 12
말은 청산유수다 9
말이 마음이고 마음이 말이다 22
말이 말을 만든다 24
말이 씨가 된다 21
먹을 가까이하면 검어진다 36
못 먹는 감 찔러나 본다 113
못된 송아지 엉덩이에 뿔 난다 108
무쇠도 갈면 바늘 된다 71
물고기가 물 위에 입을 내놓고 호흡하면 비가 내린다 165
물이 너무 맑으면 고기가 안 모인다 43
미운 놈 떡 하나 더 준다 147
믿는 도끼에 발등 찍힌다 144

ㅂ

바늘 가는 데 실 간다 37
바늘 도둑이 소도둑 된다 107
바다는 메워도 사람의 욕심은 못 채운다 110
발 없는 말이 천 리 간다 14
밤이 깊어 갈수록 새벽이 가까워 온다 97
방귀 뀐 사람이 성낸다 142
배움길에는 지름길이 없다 49
백 번 듣는 것보다 한 번 보는 것이 낫다 50
백지장도 맞들면 낫다 135
범을 보니 무섭고 범 가죽을 보니 탐난다 112
벚꽃이 일찍 피면 풍년 151
병 주고 약 준다 145
봄 추위가 장독 깬다 152
봄비가 많이 오면 아낙네 손이 커진다 153
봄비는 쌀비다 152
부모 말을 들으면 자다가도 떡이 생긴다 122
부모가 착해야 효자가 난다 127

부모는 자식이 한 자만 하면 두 자로 보이고
두 자만 하면 석 자로 보인다 123
불난 집에 부채질한다 136
비 온 뒤에 땅이 굳어진다 93

ㅅ

사공이 많으면 배가 산으로 올라간다 140
사람 나고 돈 났지 돈 나고 사람 났나 138
사람 위에 사람 없고 사람 밑에 사람 없다 138
사람은 늙어 죽도록 배운다 55
사람의 혀는 뼈가 없어도 사람의 뼈를 부순다 26
사촌이 땅을 사면 배가 아프다 129
사흘 책을 안 읽으면 머리에 곰팡이가 슨다 63
산엘 가야 꿩을 잡고 바다엘 가야 고기를 잡는다 76
새도 가지를 가려 앉는다 31
서당 개 삼 년에 풍월을 읊는다 53
서리가 많이 내린 날은 맑다 159
서쪽 하늘에 햇무리가 생기면 비가 내린다 163
세 살 먹은 아이 말도 귀담아들으랬다 57
세 살 버릇 여든까지 간다 106
세 치 혀가 사람 잡는다 27
소 잃고 외양간 고친다 85
소리가 잘 들리면 곧 비가 내린다 162
쇠귀에 경 읽기 58
수박 겉핥기 60
시작이 반이다 54

ㅇ

아는 길도 물어 가라 82
아버지는 아들이 잘났다고 하면 기뻐하고,
형은 아우가 더 낫다고 하면 화를 낸다 121
아이 말 듣고 배 딴다 89
아이 보는 데서는 찬물도 못 마신다 128
아이 싸움이 어른 싸움 된다 136
아홉 가진 놈이 하나 가진 놈 부러워한다 111
알고 있는 일일수록 더욱 명치에 가둬야 한다 89
어려울 때 친구가 진짜 친구다 38
여름 하늘에 소낙비 154
열 번 찍어 안 넘어가는 나무 없다 73
열 손가락 깨물어 안 아픈 손가락 없다 119
오르지 못할 나무는 쳐다보지도 마라 109
옥에 티 146
용의 꼬리보다 뱀의 머리가 낫다 101
우물 안 개구리 61
우물에 가서 숭늉 찾는다 84

우물을 파도 한 우물을 파라 71
웃느라 한 말에 초상난다 20
원수는 외나무다리에서 만난다 135
원숭이도 나무에서 떨어진다 98
윗물이 맑아야 아랫물도 맑다 127
의가 좋으면 천하도 반분한다 45
이웃이 사촌보다 낫다 133
입에 들어가는 밥술도 제가 떠 넣어야 한다 76
입은 비뚤어져도 말은 바로 하랬다 17

ㅈ

자식을 길러 봐야 부모 사랑을 안다 120
작은 고추가 더 맵다 96
장님 코끼리 만지기 60
제비가 지면 가까이 날면 비가 내린다 164
쥐구멍에도 볕 들 날이 있다 100
지성이면 감천 72

ㅊ

찬물도 위아래가 있다 128
처서가 지나면 모기 입이 비뚤어진다 155
천 리 길도 한 걸음부터 86
친구 따라 강남 간다 42
친구는 옛 친구가 좋고 옷은 새 옷이 좋다 40

ㅋ ㅌ ㅍ

콩 심은 데 콩 나고 팥 심은 데 팥 난다 74
타고난 재주 사람마다 하나씩은 있다 99
토끼 둘 잡으려다 하나도 못 잡는다 105
티끌 모아 태산 74
피는 물보다 진하다 117

ㅎ

하나를 듣고 열을 안다 56
하나만 알고 둘은 모른다 56
하늘은 스스로 돕는 자를 돕는다 75
하늘을 보아야 별을 따지 77
하늘이 무너져도 솟아날 구멍이 있다 94
하룻강아지 범 무서운 줄 모른다 141
한 귀로 듣고 한 귀로 흘린다 59
한술 밥에 배부르랴 68
혀 아래 도끼 들었다 26
형만 한 아우 없다 124
호랑이도 제 말 하면 온다 15
효성이 지극하면 돌 위에도 풀이 난다 126
흐르는 물은 썩지 않는다 70

173